OBSERVATIONS

SUR LE RAPPORT DU COMITÉ DE CONSTITUTION,

Concernant la nouvelle

ORGANISATION DE LA FRANCE.

À VERSAILLES;

Chez BAUDOUIN, Imprimeur de l'ASSEMBLÉE NATIONALE, Avenue de Paris, N°. 62.

1789.

OBSERVATIONS
SUR LE RAPPORT DU COMITÉ
DE CONSTITUTION,
Concernant la nouvelle
ORGANISATION DE LA FRANCE.

PAR UN DÉPUTÉ A L'ASSEMBLÉE NATIONALE.

Du 2 Octobre 1789.

APRÈS avoir écouté très-attentivement le rapport du Comité de Conſtitution ſur la nouvelle diviſion de la France, & ſur la double Conſtitution Municipale & Nationale, j'ai pris la plume pour ſuivre avec plus d'exactitude l'enſemble & les effets probables du plan qui nous eſt propoſé. Je rendrai compte de mon examen, avec ſimplicité, & ſans prétention.

ARTICLE PREMIER.
De la Diviſion Territoriale.

Je ſens depuis long-temps la néceſſité de ſoumettre la ſuperficie de la France à une nouvelle diviſion. Si nous laiſſons paſſer cette occaſion, elle ne reviendra plus, & les Provinces garderont éter nellement leur esprit de corps, leurs privilèges, leurs prétentions, leurs jalousies. La France ne parviendra jamais à cette *adunation* politique si nécessaire pour ne faire qu'*un* grand Peuple régi par les mêmes Lois &dans les mêmes formes d'Administration. Sans une nouvelle division plus égale & mieux entendue, comment pourra-t-on déterminer cette juste proportion d'influence que toute les parties du Royaume ont droit de réclamer ? De plus, quelle division parmi les quatre ou cinq qui existent déja faudroit - il adopter ? Les Gouvernemens, les Diocèses, les Bailliages, les Généralités, &c. présentent tous des étendues & des limites différentes. Aucune de ces divisions n'a le droit d'exiger qu'on lui donne la préférence. Enfin, l'établissement d'une bonne représentation est un ouvrage assez nouveau & assez important en même temps, pour qu'on lui donne une base territoriale particulière plus égale & plus convenable à l'esprit de la nouvelle Constitution.

Mais une nouvelle division territoriale, par districts à-peu-près égaux, est-elle pratiquable ?

Les difficultés que cette opération peut rencontrer, viendront, ou de la nature de la chose elle-même, ou des passions des hommes. Examinons un instant ces deux genres d'obstacles.

Voici comme je me figure qu'une nouvelle division de la superficie du Royaume peut être exécutée. Je commencerois par me procurer la grande carte des triangles de *Cassini* ; c'est celle, sans contredit, où les positions sont les plus exactes: Je la partagerois d'abord géométriquement d'après les proportions adoptées par le Comité de Constitution. En prenant Paris pour centre, je formerois un carré parfait de neuf lieues de rayons, ou de dix-huit lieues sur dix-huit, ce qui feroit 324 lieues de superficie; c'est là un Département territorial. Sur chaque côté de ce premier carré, j'en formerois un autre de la même étendue, & ainsi de suite jusqu'aux frontières les plus reculées. Il est visible qu'en approchant des frontières, je n'aurai plus mon carré parfait; mais je marquerai toujours, autant que possible, des espaces comprenant à-peu-près 324 lieues de superficie. La configuration en sera très-irrégulière; mais c'est la nécessité qui le veut ainsi. Il est plus que vraisemblable qu'il y aura de cette sorte 80 départemens, puisque 80 divivisions de 324 lieues de superficie épuisent à-peu-près les 26 mille lieues que l'on suppose à la totalité du territoire français. J'y joindrois un département pour l'Isle de Corse, ce qui fait 81. Quant à nos Isles d'Amérique & autres possessions lointaines, c'eſt une queſtion de ſavoir ſi, pour leur intérêt & celui de la France elle-même, il ne vaudroit pas mieux qu'elles euſſent une repréſentation dans leur ſein, & ſeulement une députation *fédérale* auprès de la Métropole.

Au ſurplus, quelques départemens de plus ou de moins ne changent rien à la nature ni à l'enſemble du plan propoſé par le Comité.

Il eſt temps de remarquer qu'une diviſion géométrique, telle que nous venons de la faire, eſt purement idéale. Auſſi ni le Comité, ni aucun homme raiſonnable n'a pu prétendre la ſubſtituer à la réalité. Une diviſion ſur papier par carrés parfaits, n'eſt qu'un moyen de faciliter l'opération un peu plus pratique à laquelle je vais me livrer.

Je prends donc différentes cartes diviſées, les unes par Généralités, les autres par Provinces, les autres par Bailliages, &c., & je dis : les frontières de ces diviſions ne ſont point chimériques, comme des lignes géométriques; je n'ai pas peur qu'elles coupent une maiſon, un clocher en deux; elles exiſtent déja; je puis donc m'en ſervir. Je m'aide encore des cartes qu'on appelle de l'*Académie.* On ſait que les plus petites Paroiſſes & les plus petits détails y ſont marqués dans un grand degré d'exactitude. Avec ces différens ſecours, je trace le plus près possible de mes divisions géométriques, des limites ou des frontières véritables. Alors, tous mes carrés prenant des formes irrégulières, ce que l'un perd, l'autre le gagne; mais en tout, j'approche toujours, autant que je puis, de la quantité de 324 lieues de superficie, pour chacune de mes divisions. Cela fait, j'ai une première conférence avec quelques Membres de toutes les Provinces; je leur montre mon travail, & je demande leur avis, d'après lequel je corrige ce qui est à corriger.

Je commence ensuite un second travail plus détaillé. Je partage tous mes départemens en neuf *Communes*, de 36 lieues carrées, ou six sur six, du moins autant qu'il est possible. Cette nouvelle division est encore purement géométrique; aussi ne me sert-elle que comme guide, pour m'avertir de ne pas trop m'éloigner. Elle facilite mon travail, & voilà tout. Je consulte donc de nouveau les cartes de l'Académie, je consulte les Députés des lieux, & je marque les frontières des Communes.

Alors j'ai à colorier distinctement dans les 720, ou 729 communes, toutes les villes qui peuvent s'y trouver, avec la prétention de devenir chef-lieu de Département ou de Commune. Les Députés eux-mêmes peuvent s'assembler par Généralité & faire ce choix; après quoi il ne reste qu'à faire mettre la carte au net.

Remarquez, je vous prie, que tout ce travail n'est encore que *provisoire*, & qu'on l'auroit renvoyé à faire aux Provinces, s'il n'avoit pas été indispensable de l'esquisser promptement, afin de pouvoir convoquer le Royaume d'après un nouveau mode d'élection. Il ne deviendra *définitif* qu'après que les Assemblées Communales, & celles de Département, se seront expliquées sur les changemens qu'il y auroit encore à y faire; & je ne vois pas pourquoi on n'auroit pas, à cet égard, la plus grande déférence pour le vœu de chaque ville, de chaque Paroisse.

J'étendois cette déférence bien plus loin, lorsque je proposois, comme moyen d'exécution plus facile, de choisir sur la carte de la France, à distances à-peu-près égales, quatre-vingt-une villes, pour servir de chefs-lieux de Département; je croyois qu'il suffisoit de les indiquer aux Provinces, & de laisser les Municipalités choisir elles-mêmes le centre auquel elles vouloient appartenir, sauf à diviser ensuite chaque Département en neuf communes, & à régler de la même manière les neuf chefs-lieux & leur ressort tout aussi librement formés.

Cette idée a paru devoir entraîner dans l'exécution un trop grand nombre d'inconvéniens, & il eſt vrai qu'elle en auroit beaucoup. La diviſion territoriale expliquée d'abord, eſt certainement la meilleure; & puiſqu'elle eſt praticable, il faut s'y tenir.

On voit aiſément que pour la première fois, la ſubdiviſion par *cantons* ne peut pas précéder & ſervir à la convocation, il faudra ſur cela s'en rapporter aux Aſſemblées Communales; mais nous n'avons rigoureuſement beſoin aujourd'hui que de la diviſion par *Département* & par *Commune*. Pour former l'Aſſemblée Communale, nous manderons aux Officiers Municipaux, aujourd'hui exiſtans dans les 729 chefs-lieux des Communes, *leur donnant à cet effet tous pouvoirs néceſſaires*, nous leur manderons;

1°. De chercher d'avance à connoître par approximation le nombre des Citoyens actifs habitant les différentes parties de la Commune; 2°. de calculer combien ce nombre pourra fournir d'Aſſemblées de ſix cents votans; 3°. de chercher & de faire préparer des lieux propres à recevoir toutes les Aſſemblées; 4°. de faire en ſorte qu'il y ait au moins une Aſſemblée dans tous les cantons, dût cette Aſſemblée être au-deſſous de ſix cents opinans.

Il eſt impoſſible, pour la première fois, de ne pas confier tous ces détails aux Officiers Municipaux du chef-lieu, aidés, ſi l'on veut, de quelques-uns des plus *notables habitans.* Au fond, y auroit-il plus d'inconvenance à donner cette commiſſion momentanée, toute dans l'ordre politique; à des Corps Municipaux, qu'à de grands Baillis ſurpris tout-à-coup d'une vieille exiſtence judiciaire qui doit reſter étrangère à la nouvelle Conſtitution?

Ainſi ſe formeront les Aſſemblées primaires où pourront aſſiſter & voter tous ceux qui réuniront les conditions auxquelles le Comité a attaché la qualité de Citoyen actif. C'eſt ainſi que la grande machine politique ſe mettra, pour la première fois en mouvement.

Mais on ſait qu'en affaires, les difficultés qui naiſſent du fond du ſujet, ne ſont pas toujours les plus inſurmontables; l'intérêt particulier ſe rencontre par-tout, & par-tout il eſt d'autant plus difficile de le repouſſer, qu'il ſe déguiſe ſans ceſſe ſous des apparences étrangères. J'ai entendu ſe récrier d'abord contre le grand nombre des départemens que la nouvelle diviſion alloit introduire.

Mais, où eſt la loi naturelle qui fixe à trente, plutôt qu'à ſoixante, plutôt qu'à quatre-vingt, le nombre des diſtricts ou des arrondiſſemens que l'on peut faire dans un Pays ? Une preuve que les censeurs se montrent ici un peu arbitraires dans leur fixation, ou qu'ils consultent plutôt leurs habitudes que leur réflexion, c'est que, tandis qu'ils improuvent machinalement le *trop grand* nombre de *Provinces* portées à 80, ils s'étonnent tout aussi machinalement du *petit* nombre des *Bailliages* portés également à quatre-vingt. On voit que le nom est la seule chose qui les frappe. Au fait, les Départemens ressemblent beaucoup plus à des Bailliages, puisque ce sont des Bailliages qui ont député directement à l'Assemblée Nationale, & que la division projetée est véritablement dans l'ordre de la représentation ou des élections politiques.

On doit faire attention que les dernières subdivisions que le Comité appelle des *Cantons*, ne pourroient, sans inconvéniens, être de plus de quatre lieues quarrées. Il est bon que les Membres de la même Assemblée primaire soient à portée de se voir, de se connoître, de former des relations ensemble, sans trop se déplacer : il faut sur-tout qu'ils puissent, les Dimanches, s'instruire en commun dans les exercices militaires qui seront autorisés par l'Assemblée Nationale. Je ne me cache point que les nouveaux Départemens nous mènent tôt ou tard à nous passer de toutes les autres divifions. Loin de nous en fâcher, ce doit être l'objet de nos desirs & de nos espérances. Oui, tôt ou tard, chaque Département se complettera dans tous les genres de pouvoirs publics, la Justice se rapprochera des Justiciables; les Administrateurs, des choses administrées; les Gouvernans de toute robe, des personnes gouvernées. Quel mal y auroit-il à adopter, à une époque aussi favorable que celle où nous nous trouvons, & qui ne se reproduira plus, un plan de division utile, dès aujourd'hui, pour les élections qui ne sauroient s'en passer, & utile, dans l'avenir, par des fruits plus abondans dans tous les genres? Mais, en se bornant d'abord à n'employer la nouvelle division que dans l'ordre de la représentation, on ne heurte point de front les passions & les intérêts; on ne choque ni les anciennes administrations; on ne détruit pas brusquement les antiques rapports. Que peut-on faire de mieux avec les hommes, que de les laisser écouter d'abord leur intérêt particulier, & puis l'oublier peu-à-peu, ou le mieux placer, en consultant la raison qui, quoique tardive, ne laisse pas aussi d'avoir son influence? Tout l'art de traiter avec les hommes se borne, peut-être, à leur donner le temps de se mettre en colère, & puis de se calmer.

Les Départemens ne sont pas en trop grand nombre, si une étendue, bornée à 18 lieues sur 18, ou à 324 lieues, est plus proportionnée à la mesure de l'intelligence humaine ; si, dans cette supposition, les Citoyens n'ont point trop à se déranger pour recourir, lorsqu'il est nécessaire, aux différentes parties des pouvoirs publics ; s'il devient impossible à un Ministre habile & ambitieux de souffler la corruption & de maintenir une influence dangereuse dans 82 Assemblées. Croit-on qu'il ne fût pas plus aisé à un Richelieu, par exemple, de se rendre le maître, si le Royaume n'étoit partagé qu'en un petit nombre seulement de grandes divisions ?

L'esprit, à l'approche d'un changement, se porte sur tous les inconvéniens possibles, & l'on oublie les inconvéniens de la position que l'on quitte. Je prie les personnes qui seroient tentées d'oublier cette remarque, de se supposer un instant dans un autre ordre de choses, & de songer aux cris qu'ils jetteroient de bonne-foi, si l'on venoit leur proposer de se soumettre à tant d'absurdes institutions sous lesquelles nous vivons.

Ceux qui ont des relations avec les Bureaux ministériels sont plus frappés d'abord d'une crainte qui n'est pourtant qu'illusoire : ils ne peuvent pas ſe perſuader qu'on puiſſe jamais ſuffire à une correſpondance auſſi énorme que celle de 82 Provinces. Cette appréhenſion eſt vraiment puérile. La France ne change pas d'étendue. Les affaires miniſtérielles ne ſeront pas, à l'avenir, plus nombreuſes que par le paſſé ; nous eſpérons avec raiſon, aſſez généralement le contraire, puiſque l'établiſſement du bon ordre mène à la réduction & à la ſimplification de toutes les affaires pu-Mais pour n'effrayer perſonne, n'y a qu'à annoncer une diminution de Bailliages, plutôt qu'une augmentation de Provinces. Je maintiens que ce ſeul changement de quelques ſyllabes doit faire un effet prodigieux. Enfin rien n'empêche qu'on réuniſſe trois ou quatre Départemens pour faciliter le travail des Bureaux dans l'ordre adminiſtratif, & alors c'eſt comme s'il n'y avoit que 20 à 30 diviſions.

Il y a, dit-on, des Provinces qui ne ſouffriront jamais qu'on les *confonde* ainſi, qu'on les *morcèle*, qu'on les *coupe*... D'abord, on ne confond rien. On ne tranſportera ſûrement pas le plus petit village de Bretagne dans le Maine ; chaque choſe reſtera à ſa place : les hommes ſeuls auront à voyager. Mais les hommes peuvent ſe tranſporter, & ce n'eſt pas une offre ridicule que de leur dire : Vous faisiez vingt, trente lieues pour aller donner votre voix; vous n'en ferez dorénavant que trois ou quatre, neuf à dix tout au plus. Dans vingt occasions vous étiez obligés de vous déplacer, de quitter vos affaires, d'aller chercher des connoissances, des Patrons, &c. Eh bien! vos peines se borneront à quelques courses. Les nouvelles Assemblées vous mettront en relation avec tous les hommes qu'il vous sera intéressant de connoître, &c. Croyez-nous, ayez le courage d'aimer vos intérêts en hommes éclairés, en hommes prévoyans; voilà tout ce que nous vous demandons.

Il est à tout âge de vrais caractères d'enfans, prompts à s'effrayer, irréfléchis, se laissant frapper par les mots, & laissant aller leur imagination d'une manière assez amusante pour les spectateurs. Ce n'est pas une fable; j'ai vu de fort honnêtes gens s'affliger à l'idée d'une province *coupée, morcelée.* Je ne sais ce qui se passoit dans leur cerveau; je serois tenté de croire que ces mots y reproduisoient le mouvement que l'on éprouve à la vue d'un corps déchiré, d'un sang ruisselant. Ce n'est qu'après quelques minutes qu'on peut leur dire: Rassurez-vous; les lignes idéales que les Ingénieurs traceront dans une province, n'abattront aucune maison, ne couperont aucune montagne; il n'y aura pas un arbre arraché, pas même un brin d'herbe qui en soit plus foulé. Vous alliez au marché voisin deux fois par semaine; eh bien! dût la fatale ligne être tirée entre vous & le marché, vous pourrez continuer vos approvisionnemens comme par le passé. Les chemins n'en seront pas plus mauvais, au contraire. Vos relations avec vos amis, vos connoissances resteront les mêmes. Le commerce, dans toutes ses branches, n'en aura pas moins de débouchés; il suivra le cours que lui indiquoient les facilités naturelles; &, si on lui en ouvre de nouvelles, comme cela pourroit bien arriver, il saura en profiter. Encore une fois, tranquillisez-vous. Mais, cesserai-je d'être Breton, d'être Provençal? Non, vous serez toujours Breton, toujours Provençal; mais vous vous féliciterez bientôt avec nous d'acquérir la qualité de citoyen; nous porterons tous un jour le nom de *François*, & l'on pourra s'en glorifier ailleurs qu'au théâtre, lorsque ce nom désignera un homme libre.

Cependant le plan du Comité de Constitution peut être exécuté, sans choquer même les préjugés les plus puériles de certaines provinces. L'on peut, par exemple, très-facilement, si l'Assemblée le juge convenable, respecter les frontières de la Bretagne, & se conduire avec elles comme avec celles de la mer. Les provinces adjacentes en auront une configuration un peu plus irrégulière. Ce mal eſt tolérable, pourvu que nous ne rencontrions que deux à trois provinces avec ces prétentions routinières. Dans cette ſuppoſition, nous nous contenterons de marquer, à raiſon des départemens qui pourroient entrer dans ces provinces, autant de chefs-lieu, & nous laiſſerons chaque cité, bourg ou village, choiſir lui-même le chef-lieu auquel il veut répondre, &c.

Telle ſera la nouvelle *baſe territoriale* ſur laquelle nous aurons à élever, comme l'a dit le Comité de Conſtitution, deux édifices politiques; ſavoir, une Conſtitution *Nationale*, & une Conſtitution *Municipale*.

Paſſons aux Aſſemblées *primaires*, qui ſont le vrai fondement de l'un & l'autre édifice, puiſqu'elles doivent être formées de la totalité des citoyens actifs, eſtimés au ſixième de la population c'eſt-à-dire, à 4,400,000.

ARTICLE II.

Des Aſſemblées primaires.

On ſent, au premier apperçu, l'exactitude des baſes qui ont ſervi au Comité de Conſtitution. Il eſt sûr que ſi la population du Royaume étoit également étendue ſur la ſurface territoriale, 26 millions d'ames donneroient, ſur une ſurface de 26 mille lieues quarrées, mille individus par lieue quarrée. Les cantons étant de quatre lieues, ou deux ſur deux, il eſt évident qu'ils contiendroient quatre mille individus, & que puiſque le nombre des Citoyens actifs eſt à-peu-près le ſixième de la population, chaque canton pourroit avoir une Aſſemblée primaire de 666 Votans. Ce nombre ne paroîtra point trop fort, ſi l'on conſidère; que les maladies, les affaires, les voyages momentanés, l'inſouciance, enfin le défaut de tenue, réduiront, en général, le nombre des préſens, fort au-deſſous de 666; & que les fonctions auxquelles nous bornons les Aſſemblées primaires, peuvent être remplies facilement & ſans embarras, par une quantité de Votans, même ſupérieure à 666. En effet, la tractation des affaires publiques ne peut point appartenir aux Aſſemblées primaires dans un pays qui n'a pas adopté, & qui ne peut pas adopter, le régime purement démocratique. Dès qu'on ſe nomme des Repréſentans, on ne peut pas ſe réſerver l'exercice des pouvoirs qu'on leur confie, il faut ſe borner à les confier médiatement ou immédiatement.

Les claſſes les moins diſponibles du Peuple, & les

les plus étrangères aux connoiſſances d'intérêt public, ſont néanmoins très-propres à bien placer leur confiance. Cette aptitude ne peut être conteſtée, même pour les Etats les plus populeux, lorſque les Aſſemblées élémentaires veulent ſe réduire à nommer de ſimples Electeurs. Le petit Peuple, dans la plupart des pays, pourroit bien ne s'être pas formé une idée aſſez sûre des qualités néceſſaires pour le repréſenter au Corps légiſlatif, mais il ne ſe trompera pas en déſignant les plus honnêtes gens de ſon canton, pour faire, dans les Aſſemblées ſupérieures, le choix le plus important à la choſe publique.

L'apperçu d'une Aſſemblée primaire, par canton, eſt le plus ſimple; mais puiſqu'il ſuppoſe une égale répartition du nombre des habitans, on voit bien que cet apperçu eſt néceſſairement chimérique. Dans le plus grand nombre des cantons il n'y aura pas *666* Citoyens actifs, c'eſt-à-dire, avec droit de ſuffrage; & là où la population eſt ſurabondante, il y en aura plus de mille, de deux mille, de vingt mille. On peut fixer le taux moyen à *600*, non pas que ce ſoit le taux le plus commun, mais parce qu'étant le nombre le plus proportionné aux meilleures combinaiſons de réunion ſociale pour les élections, pour la Milice, pour l'admiſſion des nouveaux Citoyens, pour la non influence du crédit, de la richeſſe, &c., en un mot, pour toutes les idées qui ſont compriſes dans l'expreſſion d'*adunation* politique; il faut l'adopter par-tout où la population peut le fournir, & le deſirer par-tout où la population a de grands accroiſſemens encore à recevoir. D'autre part, on n'a pas du appeller les Citoyens de pluſieurs cantons pour élever une Aſſemblée primaire au nombre de 600 votans; on ſent très-bien que l'intérêt politique de laiſſer un centre & un ſujet de réunion dans chaque étendue de quatre lieues quarrées, eſt d'une importance ſupérieure à tout. Occupons, s'il eſt poſſible, toutes les parties de la terre, par des aggrégations d'hommes, par des unions de forces, d'induſtrie & de bonheur. Dans chaque canton, il y aura donc une Aſſemblée primaire, quelque réduit qu'y ſoit le nombre des votans. Ce ſera une raiſon aux hommes ambitieux des rôles politiques, d'y acquérir une propriété, un domicile, & la population y gagnera à l'avantage de la Nation entière. D'après ce calcul, il eſt clair que le nombre des Aſſemblées primaires ſurpaſſera de beaucoup le nombre des cantons, c'eſt-à-dire, celui 6,480. Le Comité, en ſuivant des approximations aſſez combinées, a porté la quantité des Aſſemblées primaires à 8,530: c'eſt un compte très-incertain, mais il n'eſt nullement néceſſaire de le ſavoir au juste. Nous n'avons besoin, pour établir toutes les Assemblées primaires qui pourront se trouver en France, que de notre premiere division en quatre-vingt-un départemens territoriaux, & en sept cent-vingt-neuf Communes. Voilà l'essentiel; nous apprendrons bientôt tout ce que nous ignorons encore sur le nombre de ces premieres aggrégations, & sur la quantité réelle des Citoyens actifs.

La population est une base *variable*; il falloit donc, dans la Constitution, ne la point supposer fixe; il falloit choisir un ordre de choses qui se prêtât à ses variations. La surface horizontale, au contraire, est une base *fixe*; on devoit l'arrêter d'une maniere certaine & invariable.

Il me tarde de passer à la *composition* & aux *fonctions* des Assemblées primaires ou fondamentales.

ARTICLE III.

De la composition & des fonctions des Assemblées primaires.

Dans l'état présent des mœurs, des opinions & des institutions humaines, on voit des femmes appellées à porter la couronne; &, par une contradiction bizarre, on ne permettroit nulle part, de les compter parmi les Citoyens actifs, comme si la saine politique ne devroit pas toujours tendre à accroître de plus en plus le nombre proportionnel des vrais Citoyens, ou, comme s'il étoit impossible à une femme d'être jamais d'aucune utilité à la chose publique. D'après un préjugé qui ne se permet pas même le doute à cet égard, nous sommes donc forcés de retrancher au moins la moitié de la population totale. Vingt-six millions d'ames se réduisent, par ce seul acte, à douze millions cinq cent mille. Il faut maintenant faire une nouvelle déduction, c'est celle des enfans; elle est du tiers de la population totale; & celle des jeunes gens au-dessous de 21 ans, que l'on peut porter au sixieme: déja il ne reste guère que six millions d'individus. Mais est-il permis de regarder comme Citoyens les mendians, les vagabonds volontaires, ou les non domiciliés; ceux enfin qu'une dépendance *servile* tient attachés, non à un travail quelconque, mais aux volontés arbitraires d'un maître. Chez les anciens, l'état de servitude épuroit en quelque sorte les Classes libres. Les Citoyens étoient tous capables d'exercer leurs droits politiques. Tout homme libre étoit Citoyen actif. Chez nous, il faut s'en glorifier, la base de l'association est plus large; les principes sont plus humains; nous sommes tous égaux par la protection de la Loi, & c'est la bonne politique. Mais aussi par cela même qne le *civiciat* ou l'ordre des Citoyens embrasse tous les étages de l'édifice social, il s'ensuit que les classes infimes, que les hommes les plus dénués, sont bien plus étrangers, par leur intelligence & par leurs sentimens, aux intérêts de l'association, que ne pouvoient l'être les Citoyens les moins estimés des anciens Etats libres. Il reste donc chez nous une classe d'hommes, Citoyens par le droit, & qui ne le sont jamais par le fait. Sans doute c'est à la Constitution, c'est à de bonnes Loix à réduire de plus en plus, cette dernière classe, au moindre nombre possible. Il n'est pas moins vrai qu'il est des hommes d'ailleurs valides en force physique, qui, étrangers à toute idée sociale, sont hors d'état de prendre une part active à la chose publique. On ne doit point se permettre de les distinguer personnellement: mais qui osera trouver mauvais qu'on les écarte, en quelque sorte, non pas, encore une fois, de la protection légale & des secours publics, mais de l'exercice des droits politiques. On peut faire dépendre cet exercice, d'une condition positive qui sera un tribut volontaire direct d'une valeur déterminée. Le Comité n'a pas osé le proposer à l'Assemblée; il s'en eſt tenu à une contribution forcée, directe, de la valeur locale de trois journées de travail.

Si le temps n'eſt pas venu d'établir généralement le tribut volontaire & *civique*, il eſt difficile pourtant de ne pas ſentir que ce don libre peut offrir de grands ſecours dans une bonne conſtitution, comme il peut lui être infiniment utile, en la défendant en quelque ſorte d'une influence dangereuſe, là où n'eſt pas encore une éducation nationale.

Voilà bien des conſidérations pour réduire en dernière analyſe les 6,000,000 d'individus qui nous reſtoient, au nombre ſeulement de 4,400,000; c'eſt le ſixième de la population totale; ce rapport eſt admis communément par les arithméticiens politiques les plus eſtimés. Le Comité a eu raiſon de l'adopter, en attendant les leçons de l'expérience.

Les conditions auxquelles on pourra, dès-à-préſent aſſiſter ou voter aux Aſſemblées primaires ou aux comices de chaqne Canton, ſont, d'après le Comité:

1°. D'être François ou devenu François;

2°. D'être majeur;

3°. D'être domicilié dans le Canton, au moins depuis un an;

4°. De payer une contribution directe de trois journées de travail évaluées ſuivant le local;

5°. Enfin de n'être pas pour le moment dans un état ou condition servile.

Ou il faut renoncer à croire aux progrès de l'esprit humain, ou il faut espérer qu'il deviendra très-aisé à un Etranger connu, de se faire adopter dans une Commune françoise. Cette adoption prouvera le domicile. Elle remplacera les Lettres de naturalisation, & vaudra mieux qu'elles. Une fois adopté dans une Commune, on sera Citoyen françois; & si l'on veut établir son domicile dans une autre Cité, la nouvelle adoption ne sera alors qu'une simple formalité.

Outre l'adoption des étrangers, il y aura l'inscription ordinaire, sur le tableau civique, des jeunes gens qui cessent d'être mineurs. Cet acte, quand on saura tout le parti qu'on peut tirer du moral de l'homme, pour son bonheur, sera pour les familles des nouveaux Citoyens, & même pour l'Assemblée primaire qui les recevra, un jour de réjouissance, un jour de fête.

Le Comité a raison de ne point marquer l'âge où un jeune homme cessera d'être mineur. Cette décision tient, tout-à-la-fois, à la constitution & à la législation. Il faut laisser le temps à l'Assemblée Nationale de se déterminer sous l'un &

l'autre rapport. Mais à consulter les vrais principes sociaux, un jeune homme doit être admis au majorat, dès l'âge de 21 ans, & si l'on veut prévoir les grands effets d'une nouvelle éducation, il est bien difficile de ne pas supposer qu'un jour viendra où les Citoyens, à cet âge, en sauront plus que nous avec nos quarante ans.

On voit comment doivent être composées dès aujourd'hui les Assemblées primaires, & comment elles sont appellées à se mieux composer à l'avenir. La réception des Citoyens actifs sera leur première fonction. Je me réserve d'indiquer, dans un autre moment, les différentes preuves que les jeunes gens de tous états seront obligés de faire, avant d'être admis à la dignité & aux droits de Citoyen actif.

La seconde fonction d'une Assemblée primaire ou comitiale sera de faire le *tableau* de ses *éligibles* pour la représentation, c'est-à-dire, de tous ceux de ses Membres qui seront jugés capables de siéger aux Assemblées Communales, Provinciales, Nationale & Municipales : c'est ici un ressort dont il est difficile, à la distance où nous sommes des bonnes institutions, d'estimer toute l'énergie. Ce n'est pas seulement parce que les hommes ayant besoin d'émulation, il faut leur montrer des couronnes à différentes hauteurs ; ce n'eſt pas ſeulement pour exciter l'homme riche, l'homme en crédit, l'homme à talens, à ſe rendre populaire, & à s'honorer de plus en plus de l'égalité civile ; c'eſt ſur-tout dans l'ordre politique, que le *tableau des Eligibles* me ſemble un des moyens publics les plus utiles.

Qui a le droit d'inſtituer, a auſſi celui de deſtituer. Le droit de rayer du Tableau appartient à celui qui a le droit d'y inſcrire. Pour être élu, il faudra être au moins, depuis un an, ſur la liſte des Eligibles. Cette Loi, ſi je ne me trompe, peut prévenir des malheurs ; elle nous garantit, au moins que les intérêts publics ne ſeront jamais confiés à un Démagogue ſubalterne, porté tout-à-coup, par une effervеſcence paſſagère, à la tête d'une ſorte d'inſurrection.

Ce tableau nous raſſurera encore contre un danger plus imminent. Un Citoyen qui ceſſe de mériter la confiance publique, ceſſera auſſi de figurer ſur la liſte ; l'Aſſemblée primaire l'effacera. Une fois effacé, on n'aura pas beſoin de ſe tenir ſans ceſſe éveillé contre les ruſes & les efforts de l'intrigue, on pourra dormir en paix ; car lors même que choiſiſſant le moment le plus favorable, la minorité réuſſiroit à le replacer ſur le tableau, il n'en feroit pas moins inéligible pendant une année entière : la minorité auroit befoin de le foutenir pendant tout cet intervalle. Or, fi l'on y fait attention, on fe convaincra que la plupart des révolutions dangereufes n'auroient pas eu lieu, fi l'on avoit fu mettre la minorité dans l'impoffibilité de brufquer les momens.

Je ne demande qu'une différence entre l'infcription & la radiation, c'eft que la première foit faite à la fimple pluralité, & la deuxième à la pluralité au moins des deux tiers de voix.

Le droit de radiation s'étendra-t-il encore fur les Citoyens actuellement revêtus de la confiance publique, fur les Députés eux-mêmes ? L'exercice d'un tel droit n'auroit-il pas les plus grands inconvéniens ? Allons au principe.

Lorfqu'un Citoyen, infcrit fur le tableau des éligibles, & non employé, vient à être momentanément effacé, fa radiation n'intéreffe que l'Affemblée qui avoit fait l'infcription. Aucune autre Affemblée ne peut avoir à s'en plaindre. Au contraire, un Citoyen, actuellement Député, s'il l'eft à la Commune, par exemple, eft devenu le Repréfentant de toutes les Affemblées primaires de la Commune. Son Affemblée d'élection ne peut le rayer du tableau, fans l'intervention des autres Comices, puiſque ce Député les intéreſſe toutes.

Diſtinguons le droit de révocation, de celui de radiation. Il eſt clair, dans la ſuppoſition où nous nous ſommes mis, qu'un Député ne peut être rayé du Tableau, ſans être auparavant révoqué de ſa Députation. Examinons d'abord les principes de la révocation. Un Citoyen député à une Aſſemblée quelconque, n'eſt cenſé y avoir été député qu'au nom de toutes les Aſſemblées collatérales à celle qui l'a élu. C'eſt le principe général, ſi ſouvent ſoutenu & développé dans l'Aſſemblée Nationale. Nous avons conſidéré un Bailliage électeur comme chargé par la totalité des Bailliages, de faire ſon élection partielle. Tous les Bailliages ſe ſont ainſi commis réciproquement pour faire une partie de la députation totale. Sans cette fiction, il ſeroit impoſſible de reconnoître, dans les Députés d'un Bailliage, les vrais Repréſentans de la Nation, compétens à vouloir pour la Nation entière. Il ſuit qu'un Bailliage ne peut point ſe porter à une révocation particulière; le conſentement de tous les Bailliages qui l'avoient chargé d'élire, eſt encore préſumé néceſſaire, s'il veut révoquer. Le Député révocable eſt le Député de toute la France. C'eſt donc au pouvoir conſtituant, ſeul interprète, à cet égard, de la volonté nationale, à donner la règle & les conditions de la révocation des Députés: lui seul peut *autoriser* le Bailliage qui a élu au nom de tous, à révoquer au nom de tous. L'intérêt général étant son seul guide, il doit étendre ou borner cette faculté, suivant qu'il la trouvera utile ou dangereuse à exercer. Il peut, par exemple, sans appeler au consentement de la révocation la totalité des Bailliages, ce qui seroit chimérique ; il peut confier ce droit à plusieurs Bailliages seulement, à tous ceux par exemple de la même Province.

Reprenons notre supposition ; un Député à la Commune intéresse toutes les Assemblées primaires, quoiqu'une seule l'ait élu au nom des autres. Il ne peut donc être révoqué qu'autant que la pluralité de ces Assemblées concourroit à sa révocation, chacune d'elles décidant, comme nous l'avons dit pour la radiation, aux deux tiers des voix. Mais, lorsque, sortant de la Commune, nous voulons appliquer cette rigueur de principes aux Députés de l'Assemblée Nationale, les difficultés s'accumulent & les inconvéniens l'emportent tellement sur les avantages, que l'exercice du droit de révocation paroît alors impraticable. Il ne pourroit être accordé qu'aux Assemblées électrices de Département ; mais ces Assemblées ne peuvent rester réunies qu'autant de tems qu'il ſera néceſſaire pour remplir leur commiſſion : après cela, elles ſe diſperſent, elles ne ſont plus juſqu'à l'année ſuivante. Elles ne pourroient exercer le droit de révocation que pendant un très-court intervalle. D'un autre côté, la durée de chaque Légiſlature a été aſſez bornée pour nous ôter toute inquiétude. D'auſſi fortes conſidérations nous empêcheront ſans doute de regretter l'exercice du droit rigoureux de révocation envers les Députés à l'Aſſemblée Nationale, ſur-tout ſi l'on adopte cet autre principe, gardien de toute bonne repréſentation, ſavoir : « Que nul Député ne pourra être réélu qu'après un intervalle quelconque. »

Ainſi la radiation ne pourra atteindre un Député National qu'après l'expiration de ſa miſſion. Quant aux Députés communaux, ils ne peuvent y être ſujets qu'à la ſuite d'une révocation telle que nous venons de l'expliquer. On ſent parfaitement qu'un ex-député, effacé, par ſon canton, du tableau des éligibles, peut, s'il eſt mécontent, acquérir un domicile ailleurs ; ce changement lui deviendra d'autant plus facile, que ſon canton auroit été plus injuſte à ſon égard. Mais on ſent auſſi qu'un Député ſe conduira d'autant mieux, que ſes torts pourroient bien ne pas reſter impunis. Le droit de radiation eſt donc un reſſort politique très-puiſſant. C'eſt pourquoi on ne doit point, à mon avis, rejetter l'idée & l'établissement du tableau des éligibles. Je ne sais si beaucoup de personnes, après avoir recherché le plan du meilleur édifice social, ont ensuite lu l'Histoire & consulté l'expérience, dans l'intention d'accueillir dans ce plan tous les avantages, & d'en écarter tous les inconvéniens. S'il existe de ces lecteurs bien intentionnés, ils auront probablement réfléchi beaucoup sur l'esprit d'Ostracisme si naturel, & j'ose dire si nécessaire aux hommes réunis; ils n'auront pas moins été indignés de son extrême injustice. Leur esprit alors aura dû s'appliquer à concilier les passions avec la justice, à laisser dans les sentimens de l'homme sa défense naturelle contre les ambitieux, & auprès de l'homme juste une sauve-garde contre les erreurs de la multitude. Le tableau des éligibles me paroît remplir ce double objet; il laisse un libre cours au mécontentement, aux erreurs, aux révolutions de confiance. En même temps, nul ostracisme sur la terre n'a été aussi doux. Car d'abord, nul inconvénient pour l'état civil & domestique de l'homme public qui a le malheur de l'éprouver. Il n'est point forcé de quitter son Canton, ni son Assemblée comitiale; le bienfait du temps est pour lui: c'est avoir le remède à côté du mal. Bientôt la confiance, ſi elle lui a été injuſtement ravie, lui ſera rendue avec éclat.

La diſtinction entre les Droits Civils & les Droits Politiques eſt heureuſement bien marquée aujourd'hui. On voit que le nouvel oſtraciſme les reſpecte tous, au lieu que celui des anciens les attaquoit tous. Le Citoyen, momentanément effacé du Tableau des Éligibles, n'en conſervera pas moins ſon ſuffrage à ſon Aſſemblée primaire. Tous ſes droits ſont à l'abri; il ne perd véritablement que la confiance des autres; & s'il l'a perdue de fait, comment prétendroit-on lui en épargner la douleur? Le miniſtère de la confiance eſt une propriété du Peuple. Il n'eſt en cette partie, ni comptable, ni reſponſable; il faut bien que ſes Décrets puiſſent s'exécuter, & que lui ſeul puiſſe les révoquer. L'homme public, livré à l'ingratitude de ſes Concitoyens, eſt un ſpectacle révoltant, d'accord: mais le moment de la réparation conſole de beaucoup de peines; et pour l'ame ardente que l'injuſtice eſt près de bouleverſer, c'eſt une grande douceur que de quitter ſon canton, ſa commune s'il le faut, ſans changer de patrie; d'entrer dans une nouvelle famille de Citoyens plus juſte, plus reconnoiſſante, & à laquelle il eſpérera rendre, en ſervices publics, l'équivalent des consolations qu'il en reçoit.

Nous venons de faire mention déja des deux premieres fonctions que les Assemblées comitiales doivent se réserver. Il est impossible en effet que ce ne soient pas elles-mêmes qui reçoivent les Citoyens actifs; après l'acte par lequel la société existe, il n'est rien de plus pressant que d'en assurer la conservation ou la perpétuité, par un mode de renouvellement convenu & arrêté.

L'autre fonction consiste à former & à entretenir le tableau des Éligibles: c'est une espece de *Majorat* politique, électif & révocable. Ce Majorat n'est pas une propriété, comme le Civiciat actif. Aussi n'est-il pas sous la garantie de la Loi. La jouissance des Droits politiques est une véritable propriété acquise & protégée aux conditions légales indiquées ci-dessus. Pour la perdre, il faut ou refuser de se soumettre aux conditions prescrites par la loi, ou avoir commis de ces délits pour lesquels la loi retire sa protection, & déclare qu'on a cessé d'être membre de l'association. Or, on sait que la perte d'une propriété suppose toujours une sentence préalable, prononcée par le Pouvoir judiciaire. Mais la radiation du *Majorat* politique, est un acte libre, parce que le Majorat n'est qu'une marque de confiance.

Quoique

Quoique le Comité de Conſtitution ait jugé prématurées ces deux ſuites de conſidérations, & par conſéquent les deux premieres fonctions que nous diſons appartenir aux Aſſemblées primaires, cependant je n'ai pas cru les devoir paſſer ſous ſilence. Ce qui eſt prématuré aujourd'hui, ceſſera de l'être un jour ; & il me ſemble que ce jour ſe reculeroit indéfiniment, ſi on n'oſoit pas d'avance *parler au moins* de ce qu'il ſera peut-être temps d'exécuter alors.

La troiſieme fonction que les Aſſemblées primaires ne peuvent pas ſe diſpenſer de ſe réſerver, lors même qu'elles s'écartent le plus de la Conſtitution Démocratique, c'eſt l'élection de leurs *Repréſentans.* Ici nous allons ſuivre de nouveau le rapport du Comité.

Art. IV.

De l'Élection des Repréſentans.

Pour qui conſulte la raiſon plutôt que les livres, il eſt évident qu'il ne peut y avoir chez des hommes, qu'*un* gouvernement légitime. Il peut ſe préſenter ſous *deux* formes différentes.

Les Membres d'une aſſociation politique veulent, ou ſe régir eux-mêmes, ou choiſir quelques-uns ſeulement d'entre eux pour s'occuper de tout ce que les besoins publics peuvent exiger de soins & de surveillance,

Dans le premier cas, c'est la démocratie pure; je dirois presque brute, par analogie aux matières premières & aux denrées brutes que la Nature par-tout a offert à l'homme, mais que par-tout l'homme a mis son industrie à modifier, à préparer, pour les rendre propres à ses besoins & à ses jouissances.

Les hommes ne se réunissent pas en société politique pour consumer une vie oiseuse dans des passe-temps agréables; ils ont autre chose à faire qu'à régler des jeux & des fêtes : la Nature nous a soumis à la loi du travail; elle nous a fait les premières avances, ensuite elle nous a dit : Veux-tu jouir? travailles. C'est pour une consommation plus assurée, plus abondante, plus choisie, & par conséquent pour une plus grande énergie de production, & par conséquent pour garantir & perfectionner de plus en plus son travail, que l'homme est censé s'unir avec ses semblables. La raison, ou du moins l'expérience, dit encore à l'homme : Tu réussiras d'autant mieux dans tes occupations, que tu sauras les borner. En portant toutes les facultés de ton esprit sur une partie seulement de l'ensemble des travaux utiles, tu obtiendras un plus grand produit avec de moindres peines & de moindres frais. De là vient la séparation des travaux, effet & cause de l'accroissement des richesses & du perfectionnement de l'industrie humaine. Cette matière est parfaitement développée dans l'ouvrage du Docteur Smith. Cette séparation est à l'avantage commun de tous les Membres de la Société. Elle appartient aux travaux politiques comme à tous les genres du travail productif. L'intérêt commun, l'amélioration de l'Etat social lui-même, nous crient de faire du Gouvernement une profession particulière; mais la voix seule de la superstition & de la tyrannie pourroit essayer de nous pousser plus loin, nous presser de céder aux Gouvernans, le droit inaliénable de faire la loi. Il est évident que si les Ministres de la Loi pouvoient la faire, ils seroient les maîtres; il est évident que la Loi doit être l'ouvrage libre de ceux qui doivent lui obéir, l'expression claire & promulguée de leur volonté.

Ainsi, la Constitution purement démocratique devient, non-seulement impossible dans une grande société; mais dans l'Etat même le moins étendu, elle est beaucoup moins appropriée aux besoins de la société, beaucoup moins conduisant au but de l'union politique, que la Constitution *représentative :* telle est la seconde forme légitime de Gouvernement.

Maintenant, voulez-vous mettre le ſervice public de la Loi, c'eſt-à-dire, le pouvoir exécutif dans les mains d'un ſeul, ce ſera la monarchie rigoureuſe. Voulez-vous confier les pouvoirs qui doivent reſter ſéparés, à différens chefs indépendans l'un de l'autre, mais tous dépendans de la Loi, comme l'action des deux bras dépend de la même volonté? Ce ſera encore la Monarchie, puiſque les quatre grands chefs d'exécution ſeront Monarques, chacun dans ſa partie. Ce ſera ſi l'on veut la Monarchie ſimple. La première, au regard de celle-ci, eſt une Monarchie double. Son caractère diſtinctif eſt de mettre les quatre Monarques agiſſans, à la nomination d'un Monarque ſupérieur par le rang, par la dignité, par toute la majeſté nationale dont on l'entoure; mais les affaires ſont à la diſpoſition des Monarques inférieurs; eux ſeuls ſont comptables & reſponſables de l'exercice du pouvoir exécutif. Ils en ſont donc les véritables premiers Miniſtres. On me pardonnera ſans doute d'apeller Monarchie double celle où ſont *deux ordres* de Monarques, & de donner le nom de Monarchie ſimple au régime exécutif qui n'en ſuppoſe qu'un. Peut-être que la différence, diſons preſque l'oppoſition ſi bien apperçue & ſi fortement relevée, qui ſe montre en France depuis ſi long-temps entre les intérêts du Roi & les intérêts du Miniſtère, eſt une preuve moins métaphyſique de l'exactitude de mon obſervation. Dans quel ſiècle l'unité de l'intérêt ſocial ceſſera-t-il d'être un principe purement métaphiſique ?

Je n'ai commencé cet article qu'avec l'intention de faire ſentir l'utilité & la néceſſité pour les aſſemblées primaires, de confier l'interprétation de la volonté générale, & par conſéquent la confection de la Loi commune, à un Corps de Répréſentans. Le Comité de conſtitution propoſe à l'Aſſemblée Nationale de décréter que chaque Aſſemblée primaire députera un Membre pour deux cents, à l'Aſſemblée de la Commune. Les calculs qui ont ſervi à cette fixation ſont indiqués dans la rapport ; je ne les répéterai point. Le réſultat en eſt que vingt-deux mille Députés ſiégeront à la fois dans les ſept cents vingt-neuf Communes. Je crois qu'un plus grand nombre de Députés ſe trouveront aux Aſſemblées Communales, par la raiſon qu'on ne peut pas empêcher une Aſſemblée primaire, qui ſeule, dans un Canton, n'a cependant point ſix cens votans, d'envoyer pourtant ſes trois Députés, tout comme ſi elle étoit au complet. Cette conſidération, qui d'ailleurs n'eſt pas contraire à l'eſprit du rapport, peut nous faire porter la totalité des premières députations à plus de 24,000 personnes.

Il est des loix dont les avantages saisissent d'abord tous les esprits. Telle est celle que l'on propose pour régler que les Députations primaires ne se feront qu'à raison de la population. L'inégalité politique entre les citoyens est la plus redoutable des maladies sociales. Si elle s'établissoit une fois dans l'intérieur des Communes, dans ces premiers élémens de la grande société, la constitution pécheroit par le principe; elle s'altéreroit bientôt. Les réflexions du Comité sont précises & frappantes à cet égard. Il n'y a plus la même crainte à concevoir, lorsqu'il s'agit de comparer les communes, & à plus forte raison, les Départemens entr'eux. On peut alors, & l'on doit avoir égard à la différence de la contribution. L'impôt & le tribut volontaire, si l'on vient à l'adopter un jour, sont les vrais créateurs & conservateurs de l'établissement public. Il est juste que la Commune, par exemple, qui y fournit 20 millions, & qui par conséqueut y a plus d'intérêt, y ait aussi plus d'influence que celle qui ne paie que 500,000 liv.

Ceux qui trouvent extraordinaire que l'on ait fait attention au territoire, sont priés de remarquer que la surface des Communes & des Départemens, quoique devant s'approcher le plus possible d'une parfaite égalité, pourra bien cependant présenter une grande différence entre le plus petit & le plus grand Département. Celui de l'Isle de Corse sera bien plus étendu que tous ceux de la France ; il sera presque le double de quelques-uns. Sa population & sa contribution sont encore très-foibles ; sa députation, à raison de ces derniers élémens, seroit donc presque nulle. Si dans les cas de cette espece, on ne comptoit pour rien le territoire, plus d'une division se trouveroit réduite à n'avoir presque pas de Députés. Il semble qu'il est un point au-dessous duquel on ne doit pas permettre au foible de descendre. Une sorte d'équilibre est nécessaire en politique, entre tous les Membres de l'association. Nous avons respecté ce principe dans l'intérieur des Communes, lorsqu'il a s'agi d'en balancer les élémens personnels. Ici, ce ne sont plus les citoyens qui s'associent, ce sont des Communes indépendantes l'une de l'autre, qui veulent se former en Département, non pas pour y trouver tout de suite la Loi & le mobile de l'Administration commune, mais pour aller à un degré plus élevé, se former en grande Nation. Le département n'est qu'un degré intermédiaire entre le Corps législatif & les Commnnes, véritables élémens de l'union Nationale, comme les

Citoyens ſont les vrais Membres de l'union communale. Les Communes conſidérées comme unités de la grande aſſociation, ſe compoſent du territoire, de la population & de la contribution ; il falloit donc les comparer & les unir par ces trois rapports. Le territoire eſt certainement ici un élément très important. Le maintien du territoire eſt même le premier motif, la première condition de l'union politique des Communes. Lors donc qu'une Commune ſeroit encore preſque nulle par l'impôt & le nombre des hommes, il faut encore qu'elle puiſſe figurer à raiſon du territoire, & être aſſurée, au moins ſous ce rapport, d'une force certaine de repréſentation.

On peut demander qu'elle ſera la députation à la Commune la plus pauvre & la moins peuplée. Il eſt aiſé de répondre conformément à l'eſprit du Comité, que la Commune la plus foible étant au moins de neuf Cantons, chaque Canton ayant au moins une Aſſemblée primaire, & l'Aſſemblée primaire la moins nombreuſe ayant au moins trois Députés, il n'y a pas d'Aſſemblée communale qui ne ſoit compoſée au moins de 27 Membres.

C'eſt aſſez pour une Commune telle que nous venons de la peindre. Si elle reçoit des accroiſſemens, on n'aura pas beſoin de faire une nouvelle loi en sa faveur. Elle prendra d'elle-même sa part, à raison de ses besoins.

La Commune la plus peuplée est incontestablement celle de Paris. Un Membre du Comité de Constitution a déjà évalué à 140 ou 150 le nombre des Assemblées primaires qui pourront s'y former. Là, elles seront au complet. Par conséquent chaque Assemblée primaire, en ne consultant que sa population, aura droit d'envoyer trois Membres. A trois fois cent cinquante, il y aura répartis dans les neuf Districts à la fois, quatre cents cinquante Députés. Mais la Commune de Paris est différente, sous plusieurs rapports, des autres Communes du Royaume; 1°. Elle est élevée au rang & aux droits d'une Province. A ce titre, son Hôtel-de-Ville est comme le centre d'un département; ses neuf Districts sont considérés comme neuf Communes, & ses quartiers comme autant de Cantons dans lesquels sont reparties en nombre inégal & indéterminé 140 à 150 Comices élémentaires. Les Districts ne sont pourtant point organisés en Communes; ils ne sont qu'un intermédiaire entre les Comices & l'Hotel-de-Ville. Paris est constitué en Province, c'est-à-dire ce n'est qu'à son troisième degré politique, au lieu du deuxième, que l'on rencontre sa double Constitution Nationale & Municipale.

L'Auteur que nous venons de citer, & pour qui toutes les idées que nous examinons ou que nous exposons ici, sont depuis long-temps familières, a cru, dans son écrit sur Paris (1), que l'on pouvoit avoir égard à la triple base de représentation, même dans les députations que les Assemblées primaires envoyent à leur District respectif. Ses motifs ont été que la population énorme de Paris doit être comparée à celle d'une immense Manufacture où la nécessité du travail est la première Loi; où les hommes en partie disponibles ne sont pas dans le même rapport avec la population totale, que dans les autres parties du Royaume; où par conséquent on ne montreroit point pour l'exercice des droits politiques, le même empressement & la même tenue. Il a cru qu'on pouvoit sans danger consulter dès le premier degré politique, les deux sortes de contributions, & les combiner tout de suite avec sa population. Il lui a semblé que la part de chaque quartier, ou plutôt de chaque ressort d'Assemblée primaire à la double contribution, indique assez naturellement où sont les Citoyens les plus disponibles, & parconséquent

(1) Quelques idées de Constitution applicables à la ville de Paris, en Juillet 1789.

où ſont ceux qui ont le plus de loiſir, pour s'occuper gratuitement de la choſe publique. Il a penſé que la Capitale feſoit exception; que l'excluſion de toute autre baſe que celle de ſa population y étoit moins rigoureuſement preſcrite par le principe de l'égalité politique, puiſque l'égalité politique ſe maintenoit toujours plus facilement, & par mille raiſons, dans une grande Ville que par-tout ailleurs; & qu'enfin ſi l'intérêt du Peuple de Paris étoit d'y appeler les gros conſommateurs, les gros contribuables, c'étoit donc auſſi ſon intérêt de leur préſenter quelques attraits pour les engager à y prendre un domicile; mais s'il n'y a aucun danger à admettre cette différence pour Paris, je ne vois pas non plus que les raiſons qui l'ont déterminée ſoient aſſez puiſſantes pour qu'il y ait du danger à ne pas l'admettre. Si l'on juge que la Cité de Paris doive ſe rapprocher, autant qu'il eſt poſſible, de la règle commune, il ſera aiſé de ne s'en point écarter. Nous venons de dire qu'en ce cas les comices de Paris jetteront quatre cent cinquante Députés dans les neuf Diſtricts, de ſorte, qu'au-lieu de combiner les trois baſes de proportion dans les premières Aſſemblées, la balance ne s'en fera que dans celles des diſtricts. Je trouve même que les ſommes reſpectives de la double contribution y seront plus facilement connues. Les neuf Assemblées de District se conduiront alors relativement à l'Assemblée de l'Hôtel-de-Ville, comme les neuf Assemblées Communales d'un Département doivent se conduire relativement à leur Assemblée de réunion. Je laisse exprès cette dernière phrase un peu dans le vague, parce que sur ce point il est possible, & peut-être prudent, d'apporter quelques modifications au plan du Comité. Nous en parlerons bientôt.

Art. V.

Du degré intermédiaire entre l'Assemblée communale & l'Assemblée Nationale.

Ce n'est pas une petite question que celle sur laquelle il faut maintenant nous expliquer. Elle se partage en deux :

1°. Doit-on admettre le degré intermédiaire ?

2°. De combien de Députés faut-il composer les Assemblées électrices de département, si tant est qu'on doive en établir ?

On me permettra d'abord d'observer que dans l'ordre *administratif*, on ne peut point absolument se passer du degré intermédiaire, que nous appellons le *Département*. Il seroit ridicule de prétendre que les ordres du pouvoir exécutif royal

& de l'Administration Nationale de l'Impôt, &c. dussent être adressés directement aux 729 Communes. Une telle correspondance n'est pas dans l'ordre des possibles.

Mais si une bonne Constitution demande qu'à côte de chaque degré d'Administration il existe au moins une fois l'année, un corps de Représentans, avec autorité pour surveiller, pour recevoir des comptes, &c., il paroît d'une conséquence immédiate qu'il puisse aussi y avoir entre les Communes & le Corps législatif un degré intermédiaire dans l'ordre de la *représentation.*

Le Comité s'est déterminé à l'admettre par d'autres motifs. Il a jugé qu'il faudroit renoncer aux bâses proportionelles des députations, si les 729 Communes envoyoient directement leurs Députés. On ne pourroit donner à chaque Commune qu'un Député; si elles en avoient deux, le nombre total monteroit déja à 1458. Il est visible que c'est beaucoup trop. Ainsi dans un ensemble (& une Constitution ne peut être qu'un ensemble) toutes les parties se correspondent de manière qu'il est difficile d'en détruire une, sans attaquer l'édifice entier.

Au fond, entre les Communes & le Corps législatif, le Comité n'a demandé qu'*un* degré intermediaire, ce qui fait *deux* degrés entre les deux extrêmes : ſavoir, entre les Comices où ſont tous les Citoyens, & les Repréſentans chargés de faire la loi. Si l'on trouve que c'eſt trop, il faut s'en prendre à l'étendue de la France & à ſa population. Réduiſez au tiers l'une & l'autre de ces deux bâſes, on pourra alors abſolument ſe contenter d'un ſeul degré intermédiaire. Mais comment l'énorme maſſe de 26,000,000 d'âmes n'exigeroit-elle pas un levier plus long pour être ſoulevée. En un mot, les deux degrés ne ſont pas une affaire de choix, mais de néceſſité.

Puiſque dans les temps & les pays où nous vivons, les aſſociations humaines ſont d'une vaſte étendue ; puiſque les petits Etats ſeroient incapables de ſe ſoutenir par eux-mêmes ; que le fléau de la guerre deviendroit trop commun dans une fourmillière de républiques indépendantes ; que de petites ſociétés d'ailleurs, ſeroient hors d'état de ſe procurer, dans leur intérieur, ces utiles travaux publics qui exigent de grands efforts : il faut ſe conſoler ſans doute, de former un empire immenſe qui n'a beſoin que de liberté individuelle & de ſageſſe publique pour n'avoir rien à regretter. A ce prix, nous ne regretterons donc pas les deux degres intermédiaires. Enfin le petit nombre de ceux qui ne craignent point le travail de la méditation, en sortiront peut-être assez satisfaits s'ils veulent réfléchir que l'homme n'est l'animal le plus parfait que parce qu'il est composé à un degré plus haut, & qu'une société humaine *composée* convient à ceux qui veulent une Loi *simplifiée.* Au surplus, je ne prétends pas qu'un semblable raisonnement, ni même ceux qui précèdent, fassent la même impression sur tout le monde.

On peut chercher à rassurer les personnes qui craignent de bonne-foi que l'esprit des premiers Commettans, & par conséquent l'influence du Peuple, ne se perde à travers deux intermédiaires. Pour dire le vrai, je ne demande pas mieux que de concilier, s'il est possible, ce qu'exige l'étendue du Royaume, avec le juste desir d'influencer de plus près la Législature Nationale. Le premier moyen qui se présente pour remplir à la fois ce double objet, est, aprés que les neuf Assemblées communales d'un Département auront achevé leur mission auprès de la Commune, de les transporter, en totalité, au chef-lieu de Département, pour y faire elles-mêmes l'élection des Représentans nationaux. Par ce moyen, on pourra supprimer un degré, & ne se pas priver des fonctions de ſurveillance que nous avons dit ci-deſſus devoir être exercées, à chaque degré d'adminiſtration, par un Corps collatéral de Repréſentans. Il ne s'agit que de ſavoir ſi le tranſport & la réunion des neuf Aſſemblées communales entières ſont poſſibles & conſervent le principe.

D'abord, je remarque que le raſſemblement de neuf Aſſemblées communales, qui n'ont été compoſées qu'à raiſon de la population, aura le grand inconvénient de ne point proportionner les Députations reſpectives des communes aux deux baſes du territoire & de la contribution : c'eſt déja une véritable injuſtice. Comment la ſauver ? par une *réduction* ſur le nombre des premiers Députés ? Mais qui nous aſſurera que le ſeul mot de réduction ne va pas effrayer les trois quarts des Auditeurs ; qu'il ne rapellera pas d'abord, les véritablement abſurdes diſpoſitions du dernier Règlement pour la convocation des États-Généraux. Je laiſſe donc ce moyen, & je n'aurai pourtant pas pris une peine inutile, ſi je puis empêcher qu'on le préſente à la diſcuſſion.

J'aime mieux propoſer tout uniment, non pas de tranſporter les Aſſemblées communales en corps, au chef-lieu du Département, mais de tranſporter ou d'attribuer aux Aſſemblées primaires l'élection des

des Députés à l'Aſſemblée de Département. Dans cette ſuppoſition, les Comices feront, dans l'ordre de la ſeule repréſentation nationale, *deux* élections, l'une pour former l'Aſſemblée communale, l'autre pour former l'Aſſemblée de département.

Pour parvenir à faire cette ſeconde élection ſans manquer à la loi proportionnelle des Députations communales, nous partagerons également, entre les Aſſemblées primaires d'une Commune, le nombre total des Députés qu'elle a le droit d'envoyer, & que, dans le ſyſtême du Comité de conſtitution, elle devoit élire par ſon Aſſemblée communale.

Afin que le partage dont nous parlons ſoit véritablement égal entre les Comices de la même Commune, on attribuera d'abord un Député à chaque Aſſemblée primaire; enſuite on recommencera juſqu'à ce que le nombre total des Députés ſoit épuiſé. Comme le dernier tour, vraiſemblablement, ne ſera pas complet, on prendra le parti d'appeler ſucceſſivement au partage annuel de cette dernière quantité, celles des Aſſemblées primaires qui n'y ont pas participé l'année, ou les années précédentes. Ainſi le nombre total des Députés à nommer par les neuf Communes, ſe diſtribuera d'abord entre elles, ſuivant la règle proportionnelle admiſe plus haut. Par cette opération, le nombre attribué à chaque Commune étant connu, on le diſtribuera entre toutes les Aſſemblées primaires. Je ſuppoſe que ce nombre ſoit 18 à partager entre 11 Aſſemblées primaires. Chacun d'elles nommera d'abord un Député, enſuite les ſept au-delà ſeront élus par ſept de ces 11 Aſſemblées, ſauf aux quatre reſtantes à s'en dédommager, l'année ſuivante, & ainſi de ſuite. S'il y avoit 18 Députés à choiſir par un nombre ſupérieur de Comices, par exemple, par 26 Aſſemblées primaires : le partage pourroit auſſi ſe faire également, ſi ce n'eſt dans la même année, au moins dans un certain nombre d'années. Dix-huit Aſſemblées éliroient, cette année, un Député chacune; les huit Aſſemblées reſtantes attendroient l'année ſuivante, ainſi de ſuite.

Si l'on veut adopter ce mode d'élection, je n'y vois point d'inconvénient; car, ce n'en eſt pas un pour une Aſſemblée primaire, que de n'avoir pas nommé autant de Députés qu'une autre pour l'Aſſemblée de département, ou même de n'en avoir point nommé du tout dans une année, pourvu que chaque Aſſemblée ait ſon tour. Les Députés au Département ſont cenſés délégués par la Commune entière; les membres de l'union provinciale ne ſont point les Aſſemblées primaires: ce ſont les

Communes elles-mêmes. Les Comices ne ſont que les fractions d'une unité. La différence qu'il y a entre le plan du Comité de Conſtitution, & le projet ſubſidiaire que je préſente en ce moment, conſiſte en ce que, dans le premier, ce ſont les Aſſemblées primaires qui commettent la Commune pour élire; &, dans le ſecond, c'eſt la Commune qui commet ſes Aſſemblées primaires enſemble, ou à tour de rôle, pour faire une élection qui n'appartient véritablement qu'à elle. Ainſi, au moyen de ce plan, on ſupprimera en même temps un degré intermédiaire pour la repréſentation nationale, & on le conſervera pour l'ordre adminiſtratif, & pour la ſurveillance qui doit l'accompagner. Toutes les vues ſeront remplies, & les principes reſpectés.

La ſeconde queſtion eſt plus facile à réſoudre. De combien de Membres l'Aſſemblée de Département doit-elle être compoſée? Le Comité de Conſtitution en a porté le nombre uniforme, pour tous les Départemens, à quatre-vingt-un; quelques perſonnes ont trouvé que c'étoit peu. Auſſitôt ceux qui profitent de toutes les difficultés, pour décrier un plan qu'ils n'aiment pas à d'autres titres moins excuſables, ſe ſont mis à répandre que cette nouvelle conſtitution étoit impraticable; que rien ne ſeroit plus aiſé au Miniſtère que de gagner les quatre-vingt-un Électeurs des quatre-vingt-deux Départemens. Cela n'eſt pas trop aiſé ; mais n'importe : un changement, à cet égard, ne fait rien au fond du projet. On n'a, ſi l'on veut, qu'à doubler le nombre des Electeurs de département, & en mettre 162 au lieu de 81, on pourroit même, à mon avis, le tripler. Il deviendroit plus aiſé de diſtribuer 243 perſonnes à nommer, dans les neuf communes de chaque département, & dans toutes les Aſſemblées primaires de chaque commune. J'aime d'autant mieux ce dernier arrangement qu'il n'y aura plus de différence, par ce moyen, entre la province communale de Paris, & les autres Provinces ou départemens du Royaume. Son Hôtel-de-Ville pourra très-bien ſe compoſer dans l'ordre de la repréſentation nationale de 243 Députés, nommés directement par les Aſſemblées primaires. On voit qu'alors les 729 Repréſentans nationaux ſeront choiſis, dans les départemens, par plus de 20,000 Electeurs.

Je me réſerve de prouver quand il en ſera temps, que les Aſſemblées communales, provinciales & nationale, doivent compter dans le nombre de leurs fonctions *le tableau des éligibles pour l'adminiſtration* dans toute l'étendue de leur reſſort. Une autre fonction des Aſſemblées communales & provinciales eſt

eſt de nommer les deux *directoires* collatéraux pour l'impôt & la milice ; de les ſurveiller & de recevoir les comptes. Mais il n'entrera jamais dans l'eſprit d'nn homme ſenſé, que l'une ou l'autre de ces Aſſemblées, puiſſe ſe rendre permanente pour diriger, c'eſt-à-dire, entraver la véritable légiſlature. Les Aſſemblées intermédiaires entre le corps légiſlatif & les comices, doivent au moment qu'elles ont fini leurs opérations, ſe ſéparer, ſe diſperſer juſqu'à l'année ſuivante. Les affaires ſeront ſuivies par les directoires, qui, comparables à ce qu'on appelle aujourd'hui les commiſſions intermédiaires des Aſſemblées provinciales, auront toutes les parties de l'agence, & ne ſe mêleront cependant point d'exercer eux-mêmes aucune des fonctions légiſlatives.

Nota. *Nous nous propoſons de donner une ſuite à ces obſervations.*

www.ingramcontent.com/pod-product-compliance
Ingram Content Group UK Ltd.
Pitfield, Milton Keynes, MK11 3LW, UK
UKHW020438180726
13839UKWH00004B/1553

9 782329 596938